DU RENVOI DEVANT NOTAIRE

DES

VENTES JUDICIAIRES

OBSERVATIONS

PRÉSENTÉES

Par Me LIVACHE

NOTAIRE A CÉAUCÉ

DÉLÉGUÉ DE L'ARRONDISSEMENT DE DOMFRONT

AU COMITÉ DES NOTAIRES DES DÉPARTEMENTS

Sur le Projet de Réforme judiciaire

soumis au Sénat

PARIS

IMPRIMERIE FRANÇAISE ET ANGLAISE DE CH. SCHLAEBER

257, Rue Saint-Honoré, 257

1882

DU RENVOI DEVANT NOTAIRE

DES

VENTES JUDICIAIRES

DU RENVOI DEVANT NOTAIRE

DES

VENTES JUDICIAIRES

OBSERVATIONS

PRÉSENTÉES

Par Me LIVACHE

NOTAIRE A CÉAUCÉ

DÉLÉGUÉ DE L'ARRONDISSEMENT DE DOMFRONT

AU COMITÉ DES NOTAIRES DES DÉPARTEMENTS

Sur le Projet de Réforme judiciaire

soumis au Sénat

PARIS

IMPRIMERIE FRANÇAISE ET ANGLAISE DE CH. SCHLAEBER

257, Rue Saint-Honoré, 257

1882

VENTES JUDICIAIRES

I

La loi du 2 juin 1841 ne répondit pas aux nécessités
de tout ordre qui commandaient, depuis longtemps, la
revision des formes prescrites par le Code de 1807 en
matière de ventes judiciaires. Dès 1850, les défectuo-
sités de cette loi étaient reconnues, constatées, dénon-
cées par l'opinion publique, et une commission parle-
mentaire présentait un projet de réforme. Ce projet con-
sacrait en principe : 1° qu'en cas de conversion de saisie,
le président du tribunal devrait renvoyer la vente devant notaire, si les parties étaient d'accord à demander
le renvoi ; 2° que les ventes de biens de mineurs et
autres incapables, ainsi que les licitations, devraient être
faites devant les notaires commis par le président du
tribunal, sur simple requête, toutes les fois que les con-
seils de famille et toutes les autres parties seraient una-

nimement d'accord pour demander le renvoi, et qu'il s'agirait de la vente d'un immeuble dont la contribution foncière n'excéderait pas 20 fr. en principal. Ce projet, d'ailleurs combattu par les partisans que conservait encore, en trop grand nombre, dans les sphères parlementaires et gouvernementales, le système de 1841, eut, comme tant d'autres (et c'était l'espoir de ses adversaires), cette mauvaise fortune d'éclore et finalement de s'éteindre au milieu des événements politiques. En 1858, le Comité des notaires des départements constatait que l'utilité de la réforme en germe dans le projet précité continuait à s'affirmer dans les régions officielles, et faisait appel au notariat pour fournir la preuve des avantages que, de tout temps, le renvoi des ventes devant notaire avait présentés sur la rétention à la barre des tribunaux. Le moment semblait être venu pour une grande enquête, pour une discussion complète. La loi du 21 mai 1858 sur les ordres paraissait, en effet, appeler comme corollaire la revision de la procédure des ventes judiciaires. Une circulaire ministérielle du 6 novembre 1856 l'avait laissé espérer, et le rapport de M. Riché sur la loi précitée la faisait pressentir. A cette époque, un nouvement général se produisit dans le notariat. De tous côtés éclatèrent les plus éloquentes démonstrations. De tous côtés aussi, se manifestèrent les résistances les plus louables, les plus énergiques, contre la tendance des tribunaux à retenir à leur barre, contrairement au vœu des intéressés, les ventes dont il s'agit; et ces résistances furent souvent couronnées de succès. Rien ne fut négligé pour faire luire la vérité; et cependant un nouveau projet, présenté le 19 novembre 1867, n'eut d'autre résultat, avant d'être à son tour relégué dans l'oubli, que de donner carrière aux plus stériles discussions, à des

prétentions qui ne tendaient à rien moins qu'à boule-
verser les principes les plus fondamentaux en matière
d'attributions et de compétence. La lutte alla, en
effet, jusqu'à suggérer aux adversaires du notariat
l'idée, bientôt abandonnée, de proposer le renvoi des
ventes peu importantes, non devant le notaire, mais
devant le juge de paix. (Discours du député Guillaumin
au Corps législatif, 18 juillet 1868.) D'autres projets de
lois sur la matière furent présentés les 24 mars, 5 avril
et 17 mai 1876. Enfin est venue la loi déjà votée en
première et deuxième lecture par la Chambre des dé-
putés, et dont le Sénat est saisi.

II

C'est ce dernier projet qu'on se propose d'examiner
ici, non dans toutes ses parties, mais dans une seule, celle
qui est relative au renvoi des ventes judiciaires. Ce
point important se trouve, dans l'état actuel de la question, confondu avec d'autres. Il s'y efface trop. Il im-
porte de le détacher, de le mettre en lumière à sa place
véritable et d'en faire, en un mot, l'objet d'une discussion toute spéciale.

III

Le siège de la matière qu'on se propose de traiter est
dans l'article 6 du projet, ainsi conçu :

« Toute vente judiciaire, autre que celle sur saisie
» immobilière, dont la mise à prix n'excédera pas

» 1,500 fr., sera renvoyée devant le notaire qui sera
» désigné par les parties intéressées, *quand la majorité*
» *des parties sera d'accord pour le demander.* »

Ces dispositions, qui n'existaient pas à l'origine dans
le projet de loi, renferment, on ne saurait le nier, une
importante modification à l'une des principales règles
de la procédure en matière de vente judiciaire, puisque,
dans l'état actuel de la législation, les articles 954 et
970 du Code de procédure donnent au tribunal, *et dans
tous les cas*, la faculté de commettre pour les ventes
dont il s'agit, soit un membre du tribunal, soit un
notaire.

Et cette modification, basée sur le respect dû à la
volonté des parties, constitue, à la suite des vains erre-
ments parcourus jusqu'alors, un aveu précieux qu'il
faut s'empresser d'enregistrer, de recueillir.

IV

Seulement, on le voit, la réforme dont il s'agit ne
serait, d'après le projet, applicable qu'à une certaine
catégorie de ventes.

Cette distinction, déjà proposée en d'autres termes en
1850, est-elle fondée? Non; et c'est ce qu'on va essayer
de prouver.

L'article 6, on vient de le dire, n'existait pas dans la
première rédaction du projet, où il était uniquement
question de mesures destinées à amoindrir les frais de
justice, où toute réforme de la procédure était repous-

sée ; et l'exposé des motifs du 26 novembre 1881 don-
nait, au sujet de la présentation de ce projet, les explications suivantes :

« On a proposé de simplifier, pour les ventes judi-
» ciaires d'immeubles de peu d'importance, les formalités
» prescrites par les lois sur la procédure. Mais cette
» proposition se heurte à une objection pratique à peu
» près insurmontable ; en effet, pour appliquer une pro-
» cédure spéciale à la vente de certains immeubles au-
» dessous d'une valeur déterminée, il faudrait que cette
» valeur pût être connue dès le début de la procédure.
» Or, en dehors du prix fixé par l'adjudication, tout
» moyen d'appréciation de la valeur d'un immeuble,
» par exemple, le montant de l'impôt foncier, est néces-
» sairement défectueux. Il y aurait de graves inconvé-
» nients à faire dépendre d'un critérium aussi imparfait
» l'application de tel système de procédure plus compli-
» qué et plus coûteux, ou de tel autre système plus
» dégagé de formalités et plus économique.

» D'ailleurs, le jour où le législateur entreprendrait
» la revision du Code de procédure, en ce qui concerne
» les ventes au-dessous d'un certain chiffre, *il n'y aurait*
» AUCUNE RAISON *de ne pas étendre cette réforme aux*
» *ventes plus importantes.* Les formalités qui seraient
» trouvées inutiles en ce qui concerne les petits im-
» meubles ne seraient sans doute pas jugées nécessaires
» pour les immeubles d'un prix plus élevé. »

Quand ensuite l'article 6 a pu prendre sa place dans
le projet de loi, comment ses auteurs n'ont-ils pas
vu que la restriction qu'il renferme est en oppo-
sition directe, flagrante, avec les termes si précis de
l'exposé des motifs ? C'est ce qu'on ne s'explique pas.

Quoi qu'il en soit, cette restriction est condamnée à l'avance par le premier et le plus autorisé des documents servant de base au projet. L'art. 6 est *venu* introduire dans l'économie première du projet une véritable *réforme* de procédure. Or, l'exposé des motifs proclamait hautement, on le voit, que *du jour où il y aurait réforme* IL N'Y AURAIT AUCUNE RAISON *d'en restreindre le bénéfice à certaines ventes*. Rien n'est plus clair, plus positif.

V

Cette restriction, d'ailleurs, ne se justifie à aucun point de vue.

A ne voir que l'état actuel de la législation et de la jurisprudence, la faculté laissée au Tribunal de commettre pour la vente, soit un de ses membres, soit un notaire, doit s'exercer, dans tous les cas, suivant le plus grand intérêt des parties. Nulle autre considération ne doit l'emporter dans l'esprit du juge. Or, peut-il lui rester un doute sur cet intérêt quand les parties elles-mêmes, d'accord, le proclament ? Non. Et c'est là précisément le motif de la réforme proposée. Quels meilleurs appréciateurs pourrait-on trouver ? C'est donc avec raison que le projet dont il s'agit leur rend enfin une prérogative, un droit qui n'aurait jamais dû leur être enlevé ? Mais pourquoi le restreindre à une certaine catégorie de ventes ? Cesse-t-il dans un cas plus que dans un autre de former partie intégrante et respectable du droit même de propriété ? En quoi l'importance de la vente peut-elle atténuer le respect qui lui est dû ? Si l'appréciation des parties sur ce point est la plus sûre expression de leurs intérêts, elle ne cessera pas d'être vraie, parce qu'au lieu de vendre pour 1,500 fr. d'immeubles, elles en vendront pour 15,000 fr. Si, au contraire, le pouvoir absolu du juge est fondé sur des raisons d'ordre public auxquelles on ne saurait déroger, ce pouvoir doit être dans tous les cas maintenu. La protection due par le législateur aux incapables est la même pour tous les propriétaires. Pourquoi, d'ailleurs, ce chiffre de 1,500 fr. plutôt qu'un autre ? Quelle est cette nouvelle manière de donner la mesure des intérêts ? Tout, en pareil cas, n'est-il pas relatif ? Est-ce que, pour l'indigent, l'héritage inférieur à 1,500 fr., qu'il recueille, n'est pas plus important, plus précieux que ne l'est, aux yeux d'un héritier déjà millionnaire, une succession de 100,000 fr. ?

VI

D'ailleurs, si véritablement les auteurs de l'article 6 veulent donner aux parties, pour les ventes au-dessous de 1,500 fr., le droit, la liberté qu'ils leur reconnaissent, il faut, en bonne justice, que *toutes* les ver̤es de cette catégorie, sans exception, en puissent profiter. C'est le but indiqué, obligé, auquel ils doivent tendre, et sans lequel la distinction qu'ils veulent consacrer, quand même elle serait justifiée à d'autres égards, est infectée d'un vice fondamental. Eh bien, ce but, ils ne l'atteignent même pas ; et c'est encore là une imperfection de leur projet. Dans la plupart des cas, en effet, surtout s'il s'agit d'immeubles ruraux, la division en plusieurs lots est indispensable pour la vente. Or, autant de lots, autant de catégories d'amateurs. Dans la vente d'un patrimoine rural de 10 à 15,000 fr. divisé par exemple en dix lots, dont chacun restera au-dessous de 1,500 fr., il y a réellement dix ventes séparées, ayant chacune sa composition propre et spéciale, son cercle particulier, exclusif, d'amateurs, de concurrents ; elles sont absolument étrangères les unes aux autres. Tout ce qu'elles ont de commun, c'est d'être faites par le même vendeur et le même jour, comme pourraient avoir lieu deux ou plusieurs ventes de successions différentes par le même héritier vendeur. Si ces dernières sont inférieures à 1,500 fr., elles sont appelées au bénéfice de l'article 6, divisées qu'elles sont par leur origine, quoique simultanées dans l'exécution. Mais les dix ventes vraiment distinctes, dans le sens propre du mot, qui seront faites dans le même procès-verbal, n'en jouiront, parce que leur division résulte d'un autre ordre de séparation. Voilà ce qui résulte du projet. Est-ce là ce que veulent ses auteurs ?

VII

Au reste, ce qui les a, en définitive, préoccupés, est assez difficile à dire. Essayons-le, cependant. Le moment est venu de lever, de déchirer au besoin tous les voiles. Le notariat en a le droit. Atteint profondément dans ses intérêts par les votes d'impôts survenus à la suite des événements de 1870, et qui ont rendu plus rares certains actes autrefois nombreux, c'est bien le moins qu'il lui soit permis de demander à être traité, dans l'amélioration des lois qui le touchent, sur le pied d'une bonne justice distributive. Eh bien, disons-le hautemen nettement, si le renvoi des ventes judiciaires devant les notaires n'est pas devenu depuis longtemps la règle générale, c'est que la voix des notaires fut toujours et presque partout étouffée sous celle de l'intérêt des officiers concourant aux ventes effectuées à la barre. Et dans la rédaction définitive du projet dont il s'agit, c'est encore, et uniquement, cet intérêt qui a dominé !

Lui opposer celui des notaires ne serait que juste. L'un et l'autre sont respectables; et au point de vue des droits acquis, le notariat aurait beau jeu contre les avoués et les greffiers. De plus, il serait facile de prouver à ces derniers qu'à bien considérer les choses, leur intérêt à faire retenir les ventes à la barre est plus apparent que réel, en raison de la diminution considérable et forcée que ce système produit dans le nombre général des ventes, là où il est appliqué. Mais laissons parler uniquement l'intérêt public. C'est le seul qu'il convienne d'invoquer.

VIII

Et d'abord, que la vente soit importante ou non, les frais sont moins élevés devant le notaire qu'à la barre. On trouvera, annexés au présent travail, deux tableaux prouvant que dans une vente, par exemple, de 5,000 fr. en un seul lot, l'économie réalisée devant le notaire est de 67 fr. 44 c., et dans une vente de pareil chiffre en quatre lots, avec quatre adjudicataires distincts, de 223 fr. 03 c.

IX

D'un autre côté, l'expérience a démontré que les adjudications de toute sorte, importantes ou non, s'effectuent toujours plus avantageusement devant le notaire. Les amateurs y sont plus nombreux, mieux disposés. Le notaire procède à proximité des biens en vente, souvent sur les lieux mêmes. Nul déplacement pour les amateurs, qui peuvent même s'y trouver entourés des membres de leur famille, chose plus importante qu'on ne le pourrait croire. L'adjudication est une espèce de lutte qui a ses entraînements et ses péripéties. L'amateur, à l'heure même de l'ouverture des enchères, apprend souvent quelque circonstance nouvelle, soit la présence d'un concurrent jusqu'alors inconnu, soit de nouveaux renseignements sur la valeur des biens, etc. S'il est accompagné des personnes associées à ses projets, à ses intérêts, il s'inspirera des circonstances, appréciera, dépassera, s'il le faut, avec l'assentiment de ses proches, le prix qu'il s'était fixé. Isolé, au contraire, il hésitera et souvent s'abstiendra.

Devant le notaire, l'adjudicataire agit par lui-même. Dispensé du concours salarié de l'avoué, il est surtout dispensé, et c'est un point capital pour l'habitant des campagnes, de confier à personne le secret de ses intentions quant au dernier prix qu'il est disposé à accorder. La lecture du cahier des charges et les explications nécessaires lui sont données par le notaire, près duquel il a pu, d'ailleurs, se renseigner déjà dix fois avant l'adjudication. Puis, après l'adjudication, c'est chez le notaire, toujours sans déplacement, qu'il effectuera le paiement des frais de poursuite, d'adjudication, et s'occupera de l'accomplissement des formalités de transcription, de purge, de la signification des congés aux fermiers et locataires, des notifications de contrat, des poursuites d'ordres, etc. Quelle différence pour lui s'il était obligé d'acheter au tribunal, c'est-à-dire obligé d'abord, pour se renseigner et pour acquérir, à plusieurs voyages; obligé ensuite, pour porter ses enchères, de s'adresser à un avoué qu'il connaît peu ou point, et qui a toujours le droit, même en cas de non-adjudication, de lui réclamer sa vacation; obligé, si l'avoué de son choix a déjà charge d'enchérir, de s'adresser à un autre avoué qu'il ne connaît pas; obligé même, dans les ventes de lots nombreux et si tous les avoués du siége sont déjà choisis, de donner, avec ses pouvoirs, à celui qu'il sera cependant tenu de constituer, la singulière et difficile mission de réunir, résumer et servir des intérêts rivaux; obligé surtout de se confier, de faire connaître sa pensée, son dernier prix, d'être simplement spectateur là où son bon sens lui dit qu'il devrait être acteur; obligé enfin, en cas d'adjudication, à des déplacements sans nombre pour les suites de l'adjudication, jusqu'au paiement du prix inclusivement! Ce tableau, qu'on le sache bien, est exact pour toute la province, dans les campagnes comme dans les petites villes. Malheureusement, tout cela est inconnu ou méconnu à Paris; et c'est à Paris que s'élaborent les lois.

X

Jamais, non plus, la vente faite au tribunal ne reçoit comme celle effectuée devant le notaire la préparation qui en est en quelque sorte le véhicule. Le notaire seul peut donner à la vente, en dehors de l'accomplissement strict des formalités requises par les lois de procédure, les soins préalables, indispensables, nécessaires à sa réussite. C'est pour le notaire un privilége tout indiqué, tout matériel, en quelque sorte, de sa situation, et que n'auront jamais les avoués, quelle que soit leur sollicitude pour les intérêts de leurs clients. Résidant au chef-lieu, ne connaissant que sur le papier (et pas toujours exactement) la situation, l'entourage des biens à vendre, ils ne savent et ne peuvent que donner à la vente la publicité légale. Des renseignements aux intéressés ? Ils n'en peuvent donner que ceux résultant des pièces sèchement officielles de la vente. Tout autre est le rôle du notaire. Tout autres sont les moyens dont il dispose. Son habitude des adjudications volontaires qui se font chaque jour par son ministère, des ventes amiables qui se traitent par son intermédiaire, le porte tout d'abord à employer les moyens de publicité recommandés par la tradition, par les habitudes locales, en un mot par les nécessités de la situation, telles que publications et annonces à cri public à la porte des églises, aux foires et marchés, envois d'affiches ou de notices à domicile, avis officieux, démarches, correspondance, etc. Les avoués ne s'imposent pas l'obligation de ces détails ; ils n'y sont pas tenus ; ils ne le pourraient, pas, d'ailleurs, étrangers qu'ils sont presque toujours au cercle étroit des intérêts, des rivalités, des concurrences qui s'agitent autour de toute vente publique, et dans lequel, au contraire, vit et agit le notaire. Dans ce milieu local où s'exerce l'influence due à son caractère et où se débattent les destinées de la vente, le notaire connaît les secrets, les projets, les pensées enfin de la plupart des familles. Par là, il est appelé le plus souvent à amener les véritables intéressés sur le terrain des enchères. Tantôt c'est un client, absent ou présent, dont le notaire administre les capitaux, et à qui il indiquera l'acquisition des immeubles à vendre comme un bon placement ; tantôt, en cas de licitation, c'est un cohéritier que le notaire décidera à se mettre au rang des enchérisseurs parce que, dépositaire des éléments de la liquidation à intervenir, il lui aura fait comprendre par un aperçu de ses droits héréditaires, la possibilité d'acheter sans outrepasser ses moyens. Tantôt enfin, il s'agira de trouver, dans l'acquisition des biens en vente, l'emploi ou le remploi, confié et recommandé au notaire, de deniers ou de biens dotaux. En renvoyant la vente dans l'étude du notaire, le tribunal la place dans un centre toujours fécond en éléments de succès ; en la retenant, à part quelques rares exceptions, il l'isole de ces mêmes éléments. Cela est tellement vrai que, de deux ventes effectuées toutes deux au chef-lieu judiciaire, l'une devant un notaire de la ville, l'autre devant le tribunal, la première offre 9 fois sur 10 des résultats plus satisfaisants que la seconde.

XI

Dira-t-on (car il ne faut rien oublier) que la vente devant notaire n'offre pas autant de garanties que celle effectuée au Tribunal? Les notaires ne peuvent, certes, présenter au public qui s'assemble chez eux pour une adjudication l'appareil imposant de la Justice. Mais cet appareil est-il bien nécessaire pour l'accomplissement d'un acte dont toutes les conditions et les éventualités sont déjà réglées judiciairement, et la plupart du temps contradictoirement? Le Tribunal, quand il ordonne un tirage au sort de lots dont le résultat est obligatoire, fatal, ne laisse-t-il pas au notaire commis pour ce tirage, qui s'effectuera à huis-clos, une mission de confiance plus haute que celle de recevoir en public, sous le contrôle de toute une population, une adjudication dont le trait principal tient à des signes matériels d'une constatation facile pour tous? Les adjudications judiciaires ou autres devant les notaires ont lieu, d'ailleurs, par toute la France et depuis longtemps, avec toute la dignité possible; les règlements, quand elles sont effectuées hors l'étude, sont observés. Et pourquoi donc, d'ailleurs, ces adjudications, faites en public, exposées à la critique de tous, ni plus ni moins qu'une simple vente de meubles faite par un huissier ou un commissaire-priseur, seraient-elles moins bien placées entre les mains des notaires que les actes, bien autrement importants et conclus en secret, tels que testaments, donations, contrats de mariage, etc., dont le législateur lui confie la préparation, la rédaction et la garde?

XII

La preuve des avantages de toute sorte que présente
au public le renvoi devant notaire résulterait encore de
ce que les incidents de surenchère et autres sont moins
fréquents dans les adjudications devant notaire, que
dans celles effectuées à la barre ; elle résulterait aussi de
ce que les cahiers des charges sont mieux et plus com-
plètement établis par les notaires, la plupart du temps
en possession de tous les titres, que par les avoués aux-
quels, presque toujours, manquent les renseignements
les plus indispensables. Ce dernier point n'a jamais été
méconnu, et cependant n'a jamais été véritablement
examiné ni sérieusement discuté, en 1807 ni en 1841, ni
même dans l'étude du projet actuel.

XIII

Mais à quoi bon pousser plus loin la démonstration?
Voici une autorité, appuyée sur toutes les statistiques
précédentes, qui est plus éloquente, plus concluante que
tout ce que l'on pourrait dire. On lit dans le rapport
présenté en 1882 par M. le garde des sceaux : « On re-
» marque que de 1841-1845 à 1876-1880, la moyenne
» des ventes confiées aux notaires a plus que doublé.
» *Il y a lieu d'applaudir à cette progression*, CAR LES
» ADJUDICATIONS QUI ONT LIEU A PROXIMITE DE LA SI-

» TUATION DES BIENS S'EFFECTUENT PLUS AVANTAGEU-
» SEMENT... »

Puis au sujet de la durée des procédures : « Les 8/10
» des adjudications définitives faites par les notaires
» ont lieu dans les trois mois du dépôt du cahier des
» charges. Pour les ventes terminées à la barre des tri-
» bunaux, la proportion n'est que des deux tiers ; la
» cause de cette différence *est dans la nature même des*
» *ventes.* »

XIV

Sous tous les rapports donc, l'intérêt du public, bien
avant l'intérêt du notariat, réclamait l'avènement de cette
reconnaissance, que nous retenons, que nous constatons
énergiquement, du droit d'appréciation des parties en
matière de renvoi devant notaire ; et sous tous les rapports aussi, c'est l'intérêt général qui demande d'étendre les effets de cette reconnaissance, de cet aveu,
comme on l'a dit plus haut, *à toutes les ventes,* importantes ou non. Aucune distinction, en effet, n'est
possible.

ANNEXE

Y a-t-il économie de frais à renvoyer les ventes judiciaires devant notaire?

Soit à la barre, soit devant le notaire, il y a des frais exactement semblables dans l'un et l'autre mode de vente. Ce sont :

1" Les frais de poursuite et du jugement ordonnant la vente, de significations, etc. ;

2° Ceux du cahier des charges ;

3° Les frais de publicité ;

4° Les émoluments dus aux avoués pour la composition des lots ;

5° Leurs vacations à l'adjudication, en dehors des voyages dont on parlera plus loin ;

6° Les remises proportionnelles. — En effet (v. art. 10 et 14 du tarif), la remise du notaire et celle de l'avoué, réunies, dans le cas de renvoi, donnent un chiffre égal à celui de la remise de l'avoué au cas de vente à la barre.

Il n'y a pas lieu de s'occuper de ces divers frais. La comparaison qu'il s'agit d'établir ne doit porter que sur les frais spéciaux de chaque côté.

On admettra dans les calculs qui vont suivre qu'il y a des deux côtés le même volume d'écritures, le même nombre d'expéditions, grosses ou extraits ; la nécessité ou l'utilité de ces délivrances est, en effet, la même dans les deux cas ; mais là s'arrête l'égalité, car les délivrances au Greffe coûteront 1/2 plus que chez le notaire, d'après le calcul suivant (1) :

1 rôle de notaire contient 15 syllabes à la ligne........................	15
Chaque page contient 25 lignes, soit pour un rôle un multiplicateur de....	50
Total..........	750 syllabes
2 rôles ou une feuille...............	2
Font donc....................	1.500 syllabes

Cette feuille ou ces 1.500 syllabes coûteront :

Timbre.....................	1 fr.	80
Honoraires à 1.50 par rôle........	3	00
Total.........	4 fr.	80

1 rôle de greffe contient 8 à 10 syllabes à la ligne (loi du 21 ventôse, an VII, art. 6), en moyenne 9...............	9
Chaque page contient 20 lignes, soit pour un rôle un multiplicateur de.....	40
Total.........	360 syllabes

----

(1) Les honoraires qui vont entrer dans les calculs sont ceux d'un notaire de 3ᵉ classe. La question qui se débat intéresse en effet exclusivement les notaires de cette classe dans une proportion des 9-10 au moins.

2 rôles ou une feuille.............	360 syllabes 2
Font donc....................	720 syllabes

Cette feuille ou ces 720 syllabes coûteront :

Timbre.......................	1 fr. 80
Droit du greffier et d'expédition (loi du 21 ventôse an VII, art. 8), décimes compris................	2 75
Total.........	4 fr. 55

Ainsi, 1 feuille de greffe contenant 720 syllabes coûte
4 fr. 55. Deux feuilles coûteront 9 fr. 10, et cependant
ne contiendront que 1.440 syllabes, tandis qu'une feuille
de notaire contenant un peu plus, soit 1.500 syllabes, ne
coûte qu'environ moitié ou 4 fr. 80. Les délivrances au
greffe entraînent donc des frais doubles de ceux de délivrances faites par le notaire.

Cette différence, peu sensible dans la copie d'un acte
court, devient considérable dans celle des adjudications
toujours fort longues.

La vente au tribunal occasionne encore les frais sui-
vants, spéciaux à cette forme de vente :

1° La vacation du greffier pour communiquer le cahier
des charges (tarif, art. 1er).

2° La vacation de l'avoué pour le dépôt (*ibid.*, art. 2).

3° Le droit de l'huissier audiencier (*ibid.*, art. 6);

4° La vacation de l'avoué pour enchérir et se rendre
adjudicataire (tarif, art. 2).

5° L'addition aux droits d'enregistrement du droit de greffe dit de rédaction et de transcription (loi du 22 prairial an VII) s'élevant à 0 fr. 50 c. % plus les décimes:

6° Les frais de la déclaration de command passée au greffe ; la vacation de l'avoué à cet effet ;

7° La vacation de l'avoué pour faire transcrire aux hypothèques.

Ce sont là des frais inévitables dans la vente à la barre.

Ces frais n'existent pas devant le notaire.

Une seule dépense est vraiment spéciale à la vente renvoyée devant notaire. C'est le droit de voyage des avoués pour prendre communication du cahier des charges et assister à l'adjudication ; mais cet émolument n'est-il pas presque toujours largement compensé par l'économie de temps, de voyages, de dépenses de toute sorte, que les parties trouvent à fournir dans leur localité, à leur porte, les renseignements nécessaires à la rédaction du cahier des charges, au lieu d'aller porter ces renseignements au chef-lieu ? Ces frais de voyage, d'ailleurs, sont loin d'atteindre un chiffre égal à celui des frais spéciaux aux ventes effectuées à la barre.

Il est donc permis d'affirmer que, dans l'état actuel de notre législation, la vente faite au tribunal entraîne des frais supérieurs à ceux de la vente renvoyée devant notaire.

On va, au reste, rendre ces différences plus sensibles dans deux tableaux comparatifs, en prenant pour exemple le cas d'une vente de 5,000 fr., chiffre correspondant, d'après toutes les statistiques judiciaires, à la moyenne de l'importance des ventes dans la plupart des arrondissements.

Ces tableaux supposent deux avoués dans toute vente devant notaire. C'est aller, dans la moyenne qu'il s'agit de fixer, jusqu'aux limites les plus défavorables au système du renvoi devant notaire. S'il est vrai, en effet, que les ventes sur licitation nécessitent quelquefois (et rarement cependant) plus de deux avoués, il est non moins vrai que toutes les autres ventes se font *avec un seul avoué*. Ce sont : 1° les ventes de biens de mineurs ; 2° les ventes de successions bénéficiaires ; 3° les ventes de successions vacantes ; 4° les ventes d'immeubles dotaux ; 5° les ventes de biens de faillites. Leur nombre total dépasse certainement, et de beaucoup, celui des ventes contradictoires où les hasards de la procédure amènent le concours de plus de deux avoués

Quant au voyage des avoués, le calcul des distances du chef-lieu aux différentes résidences notariales de chaque arrondissement donne une moyenne de 3 myriamètres faisant un peu plus de la moitié de la journée de campagne, dont parle l'article 144 du tarif de 1807, soit à raison de 4 fr. 50 par myriamètre, 13 fr. 50.

TABLEAUX COMPARATIFS

Premier cas. — Vente de 5,000 fr. (en un seul lot).

Frais spéciaux devant le Tribunal.

1. Vacation du greffier pour communiquer le cahier des charges (tarif, art. 1er)....	15	»
2. Vacation de l'avoué pour déposer le cahier des charges (ibid., art. 2).............	2	45
3. Droit de l'huissier audiencier (ibid., art. 6)	3	75
4. Vacation à l'avoué pour enchérir et se rendre adjudicataire (art. 2)..........	11	25
5. Droit d'enregistrement ordinaire...........	343	75
6. Droit de greffe (*rédaction et transcription*).	31	25
7. Frais de déclaration de command........	5	19
8. Vacation de l'avoué à cet effet..........	4	50
9. Expédition sur 42 rôles correspondant aux 20 rôles de notaire ci-contre : Timbre.......... 37 80 — Droit de greffe et décimes. 57 75	95	55
10. Vacation pour faire transcrire aux hypothèques.................	4	50
11. Gratification au concierge.............	5	»
Total......	522	19
Les frais devant le notaire établis ci-contre ne sont que de..................	454	75
Economie réalisée devant le notaire.....	67	44

Frais spéciaux devant le notaire.

1. Enregistrement......................	343	75
2. Expédition sur 20 rôles correspondant aux 42 rôles de greffe ci-contre : Timbre...... 18 » — Droits du notaire...... 30 »	48	»
3. Vacations des deux avoués à prendre communication du cahier des charges (4 50 par chaque)......................	9	»
4. Voyage des deux avoués (13 50 par chaque) à cet effet..................	27	»
5. Voyage des deux avoués à l'adjudication	27	»
Total......	454	75

Deuxième cas. — Autre vente de 5,000 fr. (en 4 lots, avec 4 adjudicataires distincts).

Frais spéciaux devant le Tribunal.

1. Vacation au greffier pour communiquer le cahier des charges.................	15	»
2. 4 droits à l'huissier audiencier..........	15	»
3. Vacation de l'avoué pour déposer le cahier des charges......................	2	45
4. Vacations des 4 avoués adjudicataires...	45	»
5. Droits d'enregistrement ordinaires.......	343	75
6. Droit de greffe (rédaction et transcription).	31	25
7. 4 déclarations de command.............	20	76
8. 4 vacations à cet effet.................	18	»
9. Expédition en 42 rôles correspondant aux 20 rôles de notaire ci-contre : Timbre.......... 37 80 — Droits de greffe et décimes. 57 75	95	55
10. 4 extraits sur chacun 17 rôles correspondant aux 8 rôles de notaire, faisant chacun : En timbre...... 16 20 — En droits de greffe et décimes. 23 38 — Total..... 39 58 — Lequel multiplié par 4 — donne........... 158 32	158	32
11. Une *seule* vacation (en supposant que les 4 avoués s'entendent) pour faire transcrire aux hypothèques.............	4	50
12. Gratification au concierge	5	»
Total......	754	58
Les frais devant notaire établis ci-contre ne sont que de..................	531	55
Economie réalisée devant le notaire...	223	03

Frais spéciaux devant le notaire.

1. Enregistrement......................	343	75
2. Expédition sur 20 rôles correspondant aux 42 rôles de greffe ci-contre : Timbre...... 18 » — Droits du notaire..... 30 »	48	»
3. 4 extraits sur chacun 8 rôles correspondant aux 17 rôles de greffe ci-contre, faisant chacun : En timbre.......... 7 20 — Droits de notaire...... 12 » — Total... 19 20 — Lequel multiplié par 4 — donne............... 76 80	76	80
4. Vacation des deux avoués à prendre communication du cahier des charges.	9	»
5. Voyage des deux avoués (13 50 pour chaque) à cet effet..................	27	«
6. Voyage des deux avoués à l'adjudication	27	»
Total......	531	55

Il faut ajouter : 1° que le notaire, lorsqu'il dresse le cahier des charges d'une vente renvoyée devant lui, peut, sans frais pour les parties, puiser dans son étude ou dans celles de ses confrères les renseignements nécessaires pour l'établissement de la propriété, l'énonciation des baux, les indications sur l'état civil des vendeurs, etc., tandis que l'avoué sera souvent obligé d'avoir recours pour obtenir ces renseignements, à des délivrances coûteuses ; 2° que les femmes des vendeurs ne peuvent concourir dans les ventes faites à la barre, tandis que dans celles faites devant notaire.elles peuvent intervenir, s'obliger avec leurs maris avec renonciation à leur hypothèque légale et par ce moyen éviter aux adjudicataires les frais assez considérables d'une purge : chose importante à considérer dans les contrées, et ce sont les plus nombreuses, où, le régime de communauté dominant, ces sortes de renonciation sont possibles.

PARIS.—IMP. CHARLES SCHLAEBER. 297. RUE SAINT-HONORE.

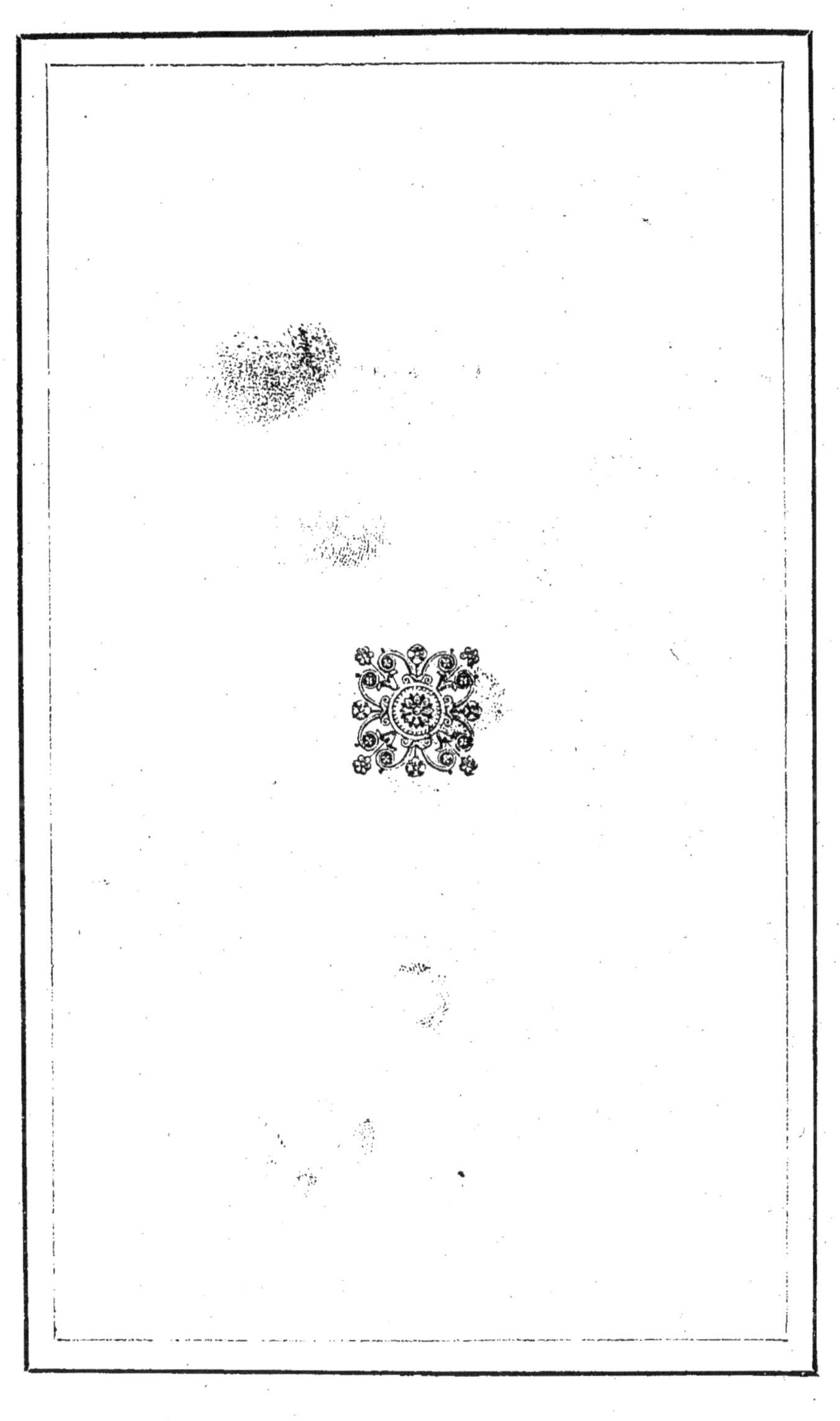

9 782019 288815